The shores of longing

Khojaqulova Khurshida

Sog'inch sohillari

Xo'jaqulova Xurshida

© Khojaqulova Khurshida
The shores of longing
by: Khojaqulova Khurshida
Edition: May '2024
Publisher:
Taemeer Publications LLC (Michigan, USA / Hyderabad, India)

© **Khojaqulova Khurshida**

Book	:	The shores of longing
Author	:	Khojaqulova Khurshida
Publisher	:	Taemeer Publications
Year	:	'2024
Pages	:	24
Title Design	:	*Taemeer Web Design*

Xo`jaqulova Xurshida Botirovna

Ijodiy she`r na`munalari

YURTIMGA SAYOHAT

Yurtimga sayohat qilib ey dostim

Shaharlar kezaylik bog 'u rog'larni

Ajib manzarani kuylab tinmayin

Firdavsiy bog' idek chorbog'larni

Shahrimga sayohatni tong u sahardan

Boshlab yubordik da eski shahardan

Hali ham yoshsan, Hali navqiron

Samarqand-yurtisan sen sohibqiron

Ko'hna Xiva ichan qal'asi

Qarshi, Surxon lapar yallasi

Gullar shahri bo'ston Namangan

Mashrab yurti doston Namangan

Oltin vodiy go'zal Fargona

Yuz tutmoqda dunyo jahona

Boburlardan meros Andijon

Ona yurti boqiydir hamon
Mirzacholda obod manzara
Sirdaryo yu Jizzaxga qara
Qovunlari dunyoga mashhur
Bo'lmoqda barchaga manzur
Navoiy - la Nukus go'zal shaharlar
Boboquyosh nur sochar tongu saharlar
O'zbekiston yuragi shohona Toshkent
Osiyo bir bo'lagi mardona Toshkent

RANGSIZ TUYG'ULARIM

Ey ko'nglim shoshmay tur olgin bir nafas
Yurakni qiynama bo'ldi yetar bas.
Xayol og'ushida tebranib bir pas,
Nega ishonmaysan? yorug' kunlarga
.
Xavotir olmagin men juda yaxshi,
Faqat iltimosim ey yurak naqshi.
Iymanib, aldanib qora tunlarga,
Nega ishonmaysan? yorug' kunlarga.

    She'riyat bog'i.
Yurakdan yechildi dardli bir tugun,
Boshqacha ko'rinar dunyo ham bugun
Tarqalar dildan alam gam tutun
She'riyat bog'i i sayr qilganda

Ayozning qahri chekinar go'yo.
Quyosh harorati bilim nur ziyo
Bu go'zal olam kelinchak dunyo.
She'riyat bog'i i sayr qilganda

Shoirlar dilida ajib manzara
Go'zallik dunyosi uyg'ondi qara
Yurakdan ezgu orziqish yana
She'riyat bog'ini sayr qilganda

ZULFIYAXONIMNING BO`LING IZDOSHI

Ko'klam nafasidan soginchlar bo'lak,
Dukkillab uradi tanda bu yurak.
Elga yurtga shunday qizlar kerak
Zulfiyaxonimning bo'ling izdoshi,
U axir she'riyat ning so'nmas quyoshi.

Ko'hna dunyo ahlida ko'pdir ijodkor
Ularning bariga muhabbat darkor
Ko'ngilida vatanga hissiyoti bor
Zulfiyaxonimning bo'ling izdoshi.
U axir she'riyat ning so'nmas quyoshi.

Dilda bo'lmasa o'sha payt g'ubor
Zulfiyani qumsasa yurak beg'ubor.
Biling shu lahzadan kelgandi bahor
Zulfiyaxonimning bo'ling izdoshi.
U axir she'riyat ning so'nmas quyoshi

Quyosh charaqlasa nur sochib hayron.

Qaldirg'och uchsayu qanoti har yon

Ko'ngillar talpinar ko'klam tomon

Zulfiyaxonimning bo'ling izdoshi.

U axir she'riyat ning so'nmas quyoshi

Daraxtlar shohida o'sha dam kurtak

Gullarning nafasi bahordan darak

Mening ham qalbim da bahoroy bo'lak.

Zulfiyaxonimning bo'ling izdoshi.

U axir she'riyat ning so'nmas quyoshi

O'zbek tili

O'zbek tilim mening yagona tilim

Onajonim tili durdona tilim

Beshikdan jo bo'lgan qalb qo'rimizga

Yuraklardan o'chmas mardona tilim

Ming yillik chinorday abadiy bo'lgin

Doimo quyoshdek sen boqiy bo'lgin
O'zbegim, o'zligim faxrisan bilgil
Yuraklardan o'chmas mardona tilim
Qalbimda sen hamon yashaysan mangu
Borliqdan yaralgan iftixorsanku
Yurakda xalq bilan eng ezgu tuyg'u
Yuraklardan o'chmas mardona tilim

    Buvijonim xotirasiga.

Xayol surib tursam xayolimdasz
  She'rlar yozib tursam ijodimdasz
Misoli yonimda har onimdasz
Sizni unutmayman aziz buvijon

Mehrli lahzalar hali yodimda
Ovozinggiz yangraydi qulog'imda
Sizni yaxshi ko'raman sog'indim juda
Lekin unutmayman aziz buvijon

O'ZBEKISTONIM

Yaratganga aytamiz bugun shukrona
Mana hur zaminda go'zal zamona
Dillarda shodlik va shodiyona
Gullarga burkangan chamanistonim
Ey mening mustaqil o'zbekistonim.

Jannatdir Misoli bog'i chorboging
Ming dardga davo 1ta yaprog'ing
Kaftimda asrayin oltin tuproging
Osmoni musoffo toza bo'stonim
Ey mening farovon O'zbekistonim

Ona yurtim sensan shavkatim shonim
Kabutarlar oshyoni nurli makonim
Senga fido bo'lsin ko'ksimda jonim
Ishqim ketgan tilda dostonim
Ey mening azizim O'zbekistonim

Yurtim mustaqil San bu endi ayon
Yerdagi jannatsan qilayin bayon
Shukrona belgisi uradi tuygon
Sevgan suyukligim qo'shiq dostonim
Ey mening onajon O'zbekistonim

O'rik guli

Dil sog'indi yurak sogindi
Ba'zan kulib goho og'rindi
Senga aytar o'zim bor endi
Qachon gullaysan o'rik guli?

Oy u kunlar o'tar asta
Seni sog'inib biz birpasta
Barglaring qilib dasta dasta
Qachon gullaysan o'rik guli?

Sog'indi bahorni ko'nglimda
Novdalar izi qo' limda

Senga aytar omonat gap bo'ynimda

Qachon gullaysan o'rik guli?

Ketding barging to'kib qaro yerga

Vafo qilmadi ko' klam ham senga

Go'zal hislarni qoldirib menga Qachon gullaysan o'rik guli?

    Yomg'ir

Yiglama qalbimni tirnab og'ritma.

Ko'nglim kuyini bir chertib olay

Dardingni yurakka bog'lab ranjitma

Bir pas yolg'iz bir o'zim qolay

Bir to'xtab o'tgin soginch sohilida

Ozor bermagin bu ona yerga

Mayli yog'a qolgin mening yo'limga

Tomchilab quygin bitta ko'nglimga

    Vatan

Vatan, seni sevaman jondan,

Bag'rimni beraymi tuproqlaringga.

Qalbimda jo'sh urar chiroyli hislar,
Sen uchun jonimni fido qilaymi.
Seni tariflashga tillar ojizdir,
Seni kuylamakka so'zlar topolmam.
Sen juda go'zalsan, chiroyli biram,
Senga jonimni beraymi Vatan.

OTA ONA

Ey do'stim dunyoga keldingmi bir bor,
So'ngra bu olamdan ketishing ham bor.
Farzandim deb senga talpingan ming bor,
Sen ota onangni yo'qlagin bir bor.

O'tginchi dunyoda o'tar odamlar,
Ota onang bilan quvongan damlar.
Qara eshitilar sekin qadamlar,
Sen ota onangni yo'qlagin bir bor.

Ota ona mudom bolam der bolam,
Ba'zan ko'ngillarin og'ritganda ham.
Xurshidanggiz baxtiga sog bo'ling har dam,
Sen ota onangni yo'qlagin bir bor.

BUXORO

Chiroyli go'zal biram
Minoralar mujassam
Obidalari ko'rkam
Ko'hna boqiy Buxora
Yagona yurtlar aro

Sitorai Mohi Xossa
Yoqqandir sizga rosa
Ziyoratgohlar mazza
Ko'hna boqiy Buxora
Yagona yurtlar aro

Ona

Siz borsizki gulda chiroy bor
Siz borsizki ko'kdagi oy bor
Siz borsizki mehrga joy bor
Onajonim eng chiroyligim

O'zinggizsiz mening boyligim

Qiladursiz duolar har dam
Duo bilan ko'nglim ham ko'klam
Siz borsizki har kuni bayram
Onajonim eng chiroyligim
O'zinggizsiz mening boyligim

Bu ashorim onajon sizga
Nurli bir baxt berdinggiz bizga
Dadam bilan kiringgiz yuzga
Mening hammadan chiroyligim
O'zinggizsiz mening boyligim

    Rim

O'qib tarix tilsimin
Yod olib birin-ketin

Qadim rim davlatiga
Yo'l oldikda biz sekin
Ona bo'ri timsoli
Mangulikda misoli
Yuliy Sezar davrida
Kuldi rimning iqboli
Romul va Rem qahramon
Davlatga berdilar nom
O'sha mashhur rim so'zin
Jahonda yangrar hamon
Respublika davrida
Ikki konsul turardi
Ularning yordamchisi
Kvestorlar bo'ladi
Favqulodda holat da
Diktator hokimiyatda
Olti oycha davlatni
Boshqaradi albatta
Gladiatorlar jangi

Tarixda mashhur juda
Kolizey maydonida
Tomoshalar avjida
Rimliklarning kiyimi
Toga - oq, pushti rangda
Vatan uchun doimo
Rim erkaklari jangda
Shunday qilib rim xalqi
Antik tarix yaratdi
Barcha dunyo ahlini
O'zlari ga qaratdi.

QADIMGI BOBIL

Qadim bobilning nomi
Xudolar darvozasi
Dajla, frot bo'yida
Balanddir ovozasi.

Xammurappi davrida
Islohatlar o'zgacha
Barcha inson qo'rqardi
Qonunlardan so'zgacha

O'n sakkizinchi asr
Davri boldi islohat
Kuchaydi qonunchilik
Tilda qoldi barhayot

Yangi bobil davrida
Misr qoshib olindi
Ishtar darvoza siga
Nafis bezak solindi.

Qadimiy o'choqlari
Bobilning shumer akkad

Xalqning ibodat joyi
O'sha mashhur zikkurat
Xayoliy naqshlar - la
Mashhur Ishtar darvoza
Ming yillik lardan beri
Bobil nomi ovoza

    Tinchlik

Tinchlik bo'lsin millatda
Har davlat va elatda
Tinch totuvlik, obodlik
Yurtimizda obodlik

Tinchlik va mustaqillik
Har bir xalqda ahillik
Bo'lmaylik vatanga zor
Omad bo'lsin bizga yor

    Qish

Falak ko'kdan yog'ar oppoq laylakqor
Bolalar o'ynashar, shodon begubor
Yuraklarda bo'lmas hech qanday g'ubor
Ha, qishning o'zgacha surur gashti bor

Opajonimga

Erta tong uyg'onib, osmonga qarab
Opamga tiladim juda katta baxt
Allah unga doim madadkor bo'lib
Ayamasin undan omad ila baxt

Tilagim doimo qora ko'zlari
Ishonchdan so'nmasin ko'z yosh to'kmasin
Har dam menga aytgan shirin so'zlari
Duoga aylanib tugab bitmasin

Dunyoda eng go'zal mehribonginam
Qalbini og'ritib ranjitganda ham
Mening borlig'im ul dunyoda har dam

Tug'ilgan kuninggiz muborak opam

Bahor

Oh, o'lkamga kelding ey go'zal bahor
Sening kekishingla erib ketar qor
Yashil bog' rog'lar buncha purviqor
Sen go'zal kelinchak, bahoroy bahor

Kitob

Oltin xazina - oftob
Eng yaqin do'stdir kitob
Yaxshi yo'lni ko'rsatar
Insonlikni o'rgatar
Kitobda bor ko'p bilim
Kitob bilan hur elim
U bilan burro tilim
U mening jon u dilim

Bosh qomusimiz

Fuqoralar tinchligin o'ylab
Hurriyatli davlatni kuylab
Inson huquqlarini so'ylab
Mangu yasha ey buyuk qomus
Huquq ustunligi qo'lingda
Posbonlaring o'ng u so'lingda
Adolat ham peshvo yo'lingda
Mangu yasha ey buyuk qomus

    Vatangadolar.
Xorijga borib.
Vatanin sotib
Unga tosh otib
Yurganlar qancha
Unda xor bo'lib
Nonga zor bo'lib
Intizor bo'lib
Yurganlar qancha
Onasin tashlab

Ko'zlarin yoshlab.

Dillarni g'ashlab

Yurganlar qancha

    Bobojon

Bir yuz yigirma yoshlarga kiring

Shunday xursand bo'lib quvonib yuring

Baxtimizga doim sog' omon bo'ling.

Tavallud kuninggiz muborak bo'lsin

She'r bitdim tabiat qo'ynida sizga

Quvonch shodliklarni berdinggiz bizga.

Mehribon bo'lgansiz farzandinggizga

Tavallud kuninggiz muborak bo'lsin

Keksalik gashtini suring bobojon

Biz uchun mehribon aziz jonajon

Xurshida qizinggiz tabriklar har on

Tavallud kuninggiz muborak bo'lsin

✵✵✵

Printed in the USA
CPSIA information can be obtained
at www.ICGtesting.com
LVHW011020060624
782465LV00012B/474